BEI GRIN MACHT SICH IHR
WISSEN BEZAHLT

- Wir veröffentlichen Ihre Hausarbeit,
  Bachelor- und Masterarbeit

- Ihr eigenes eBook und Buch -
  weltweit in allen wichtigen Shops

- Verdienen Sie an jedem Verkauf

Jetzt bei www.GRIN.com hochladen
und kostenlos publizieren

Beweglichkeitstestung und Planung eines Bewegungs- und Koordinationstrainings. Effekte des Dehnens auf die Bewegungsreichweite

Isabella Jülch

Bibliografische Information der Deutschen Nationalbibliothek:

Die Deutsche Nationalbibliothek verzeichnet diese Publikation in der Deutschen Nationalbibliografie; detaillierte bibliografische Daten sind im Internet über http://dnb.d-nb.de abrufbar.

ISBN: 9783346328311
Dieses Buch ist auch als E-Book erhältlich.

Deutsche Hochschule für
Prävention und Gesundheitsmanagement

Einsendeaufgabe

Fachmodul:	Trainingslehre 3
Studiengang:	Fitnessökonomie
Datum Präsenzphase:	20.11.2017–22.11.2017
Name, Vorname:	Jülch, Isabella
Studienort:	**Frankfurt**
Semester:	**Wintersemester**

Inhaltsverzeichnis

1   Teilaufgabe 1 – Personendaten

Tab. 1.: Personendaten (eigene Darstellung)

Allgemeine Daten	
Alter	52
Geschlecht	Weiblich
Körpergröße	1,62 m
Körpergewicht	66 kg
Trainingsmotive	Fit bleiben (Kraft, Kondition, Beweglichkeit, Koordination), um Alltag (Gartenarbeit) gut bewältigen zu können und den zunehmenden Alterserscheinungen entgegen zu wirken
Berufliche Tätigkeit	Speditionskauffrau
Aktuelle und frühere sportliche Aktivitäten	Frühere Aktivitäten: 5 Jahre Gymnastik im Turnverein (bis vor 3 Jahren) Aktuelle Aktivitäten (seit 1 Jahr): Gerätegestütztes Krafttraining Fitnessstudio (Kraftausdauertraining, in der Regel 2 Einheiten pro Woche, jeweils ca. 30 Minuten Krafttraining, zuzüglich 10 Minuten Auf- und Abwärmen auf dem Crosstrainer) und Ausdauertraining im Fitnessstudio (1 Einheit pro Woche, jeweils 40 Min) → durchschnittliche Fitness-Sportlerin
Zeitlicher Verfügungsrahmen	3 Trainingseinheiten pro Woche, ca. 1h
Allgemeiner Gesundheitszustand	Sportgesund
Biometrische Daten	
Blutdruck	122/84 mmHg
Körperfettanteil	29 %
Allgemeiner Gesundheitszustand	Sportgesund
Sonstige gesundheitliche Einschränkungen	Keine

Tab. 2: Blutdruckklassifikation der American Heart Association (modifiziert nach Mancia et al., 2013, S. 1286; zitiert nach Eifler, 2015, S. 273)

Bewertungsstufen	Systolischer Blutdruck	Diastolischer Blutdruck
Normalblutdruck		
optimal	unter 120 mmHg	unter 80 mmHg
normal	unter 130 mmHg	unter 85 mmHg
hochnormal	130-139 mmHg	85-89 mmHg
Bluthochdruck		

3

Stufe 1	140-159 mmHg	90-99 mmHg
Stufe 2	160-179 mmHg	100-109 mmHg
Stufe 3	> 180 mmHg	>110 mmHg

Der Blutdruck der Person liegt laut der Bluttdruckklassifikation der American Heart Association (modifiziert nach Mancia et al., 2013, S. 1286; zitiert nach Eifler, 2015b, S. 273) im normalen Bereich.

Tab. 3: Klassifikation Körperfett bei Frauen (modifiziert nach Gallagher et al., 2000, S. 694-701)

Alter	niedrig	normal	hoch	sehr hoch
20-39	< 21 %	21-33 %	33-39 %	≥ 39 %
40-59	< 23 %	23–34 %	34-40 %	≥ 40 %
60-79	< 24 %	24-36 %	36-42 %	≥ 42 %

Der Körperfettanteil der Person liegt nach Gallagher et al. (2000, S. 694-701) mit 29 % im mittleren normalen Bereich.

Die beschriebene Person ist sportgesund, aufgrund ihrer früheren und aktuellen sportlichen Aktivitäten mit Bewegung und sportlicher Belastung vertraut und dementsprechend trainier- und belastbar.

2 Teilaufgabe 2 – Beweglichkeitstestung

Tab. 4: „Manueller Beweglichkeitstest" (Eifler, 2007; nach Janda, 2000, S. 255-271) (eigene Darstellung)

Testübung (Muskelgruppe)	Testdurchführung	Richtwerte Stufe 0: Keine Beweglichkeits-defizite Stufe 1: Leichte Beweglichkeits-defizite Stufe 2: Deutliche Beweglich-keitsdefizite	Testergebnis
Brustmuskula-tur (M. pectoralis major)	- Rückenlage auf einer Liege, Beine sind angewinkelt, Füße haben Kontakt mit der Auflagefläche (fixiertes Becken und LWS) - der zu testende Arm ist im Schultergelenk abduziert und	0: Oberarm erreicht die Horizontale, durch leichten Druck des Testers kann Oberarm unter die Horizontale bewegt werden	0

	außenrotiert , Ellenbogengelenk ist in einem 90°-Beugewinkel - der Tester fixiert den Brustkorb durch leichten Zug mit der Hand in diagonaler Richtung von der zu testenden Seite weg	1: Oberarm erreicht die Horizontale nicht, durch leichten Druck des Testers kann Oberarm bis zu Horizontale bewegt werden 2: Oberarm erreicht die Horizontale auch durch Druck des Testers nicht	
Hüftbeugemuskulatur (M. iliopsoas)	- Rückenlage auf einer Liege, Gesäß schließt mit Rand der Liege ab, Beine hängen über, wobei ein Bein maximal weit zum Körper herangezogen wird - Messbereich ist die Position des Oberschenkels im Verhältnis zur Körperlängsachse (Hüftbeugewinkel) - Becken und LWS müssen fixiert bleiben	0: Oberschenkel erreicht die Horizontale, durch leichten Druck des Testers kann Oberschenkel unter die Horizontale bewegt werden 1: Leichte Hüftbeugestellung, durch leichten Druck des Testers kann Oberschenkel bis zur Horizontale bewegt werden 2: Oberschenkel erreicht die Horizontale auch durch Druck des Testers nicht	1
Kniestreck-Muskulatur (M. rectus femoris)	- Rückenlage auf einer Liege, Gesäß schließt mit Rand der Liege ab, Beine hängen über - Proband zieht ein angewinkeltes Bein maximal weit zum Körper heran, Gegenbein wird im maximal möglichen Hüftextensionswinkel durch den Tester fixiert - dann wird das Bein durch den Tester in einen maximal möglichen Kniebeugewinkel geführt - Messbereich ist der Winkel zwischen Ober- und Unterschenkel (Kniebeugewinkel) - Becken und LWS müssen fixiert bleiben	0: Unterschenkel hängt senkrecht herab, durch leichten Druck des Testers ist es möglich, die Kniebeuge zu vergrößern 1: Unterschenkel ist leicht nach vorne gestreckt, durch leichten Druck des Testers ist es möglich, einen 90° Kniebeugewinkel zu erreichen 2: Unterschenkel ist deutlich nach vorne gestreckt, auch durch Druck des Testers wird der 90° Kniebeugewinkel nicht erreicht	1
Kniebeugemuskulatur (Mm. Ischiocrurales)	- Rückenlage auf einer Liege, das nicht getestete Bein ist im Hüft- und Kniegelenk gebeugt - das zu testende Bein wird vom Tester bei gestrecktem Kniegelenk in die maximal mögliche Hüftflexion geführt	0: Flexion im Hüftgelenk ist im Ausmaß von 90° möglich 1: Flexion im Hüftgelenk ist bis zwischen 80-90° möglich 2: Flexion im Hüftgelenk ist nur unter 80° möglich	1

	- Messbereich ist der Winkel zwischen Beinachse und Longitudinalachse (Hüftbeugewinkel) - Becken und LWS müssen fixiert bleiben, das zu testende Bein bleibt in der Streckung, Gegenbein bleibt in Ausgangsposition		
Waden-Muskulatur (M. triceps surae)	-Rückenlage auf Liege, das nicht zu testende Bein steht gebeugt mit dem Fuß auf der Unterlage, das zu testende Bein ist gestreckt, distales Hälfte des Unterschenkels ragt über Liegenende hinaus - Tester greift mit einer Hand das Bein distal am Fersenbein, die andere Hand ergreift den Fuß von der Außenkante her - Tester übt einen Hauptzug an der Ferse aus und zieht distalwärts, der Daumen der anderen Hand lenkt den Vorfuß mit leichtem achsengerechten Druck zum Schienbein hin (maximale Dorsalextension), Druck des Daumens nicht in der Mitte der Fußsohle, sondern am äußeren Fußrand	0: Dorsalextension ist mindestens bis zur 0°-Stellung möglich (90° zwischen Fuß und Unterschenkel) 1: 0°-Stellung wird nicht erreicht, Dorsalextension ist aber möglich 2: Dorsalextension ist nur bis 10° unterhalb der 0°-Stellung möglich	0

Aus den Testergebnissen gehen Beweglichkeitsdefizite im Bereich der Hüftbeugemuskulatur, sowie der Kniebeuge- und Kniestreckmuskulatur hervor. Dies ist typisch für die hier als „Büromensch" eingestufte Person. Durch die seit ungefähr 35 Jahren bestehende dauerhafte sitzende Tätigkeit im Büro mit ca. 40 Stunden die Woche ist die Dame ständig in einer vorgebeugten Haltung. Hüft- und Kniegelenke sind also ständig gebeugt, was die Verspannung der Hüftflexoren sowie der Knieextensoren und Knieflexoren erklärt. Es ist nun wichtig, durch Dehnen diese Verspannungen zu lösen und dem Körper wieder seine ursprüngliche physiologische Haltung zu vermitteln.

3   Teilaufgabe 3 – Trainingsplanung Beweglichkeitstraining

Tab. 5: Trainingsplanung Beweglichkeitstraining (eigene Darstellung)

Zielmuskulatur	Übungsbeschreibung	Dehnmethode
1. Kniestreckmuskulatur (M. quadriceps femoris)	- Ausgangsposition ist der Stand, mit einer Hand wird das gleichseitige, gebeugte Bein am Unterschenkel, knapp über den Sprunggelenken umfasst, sodass sich die Ferse auf Höhe des Gesäßes befindet - Dehnposition wird eingenommen, indem das Becken gekippt (aktive Dehnung) und die Ferse maximal zum Gesäß gezogen wird (passive Dehnung), beide Oberschenkel verlaufen parallel zueinander, das Knie des gedehnten Beins zeigt vertikal nach unten, das Standbein bleibt leicht gebeugt	Statisch, aktiv-passiv
2. Kniebeugemuskulatur (Mm. ischiocrurales)	- Ausgangsposition ist der Kniestand, Gesäß wird nach hinten unten abgesenkt, ein Bein wird vorne mit der Ferse auf den Boden abgestellt und die Fußspitzen angezogen - Dehnposition wird eingenommen, indem der Oberkörper leicht nach vorne geneigt und das Becken gekippt wird	Statisch, passiv
3. Hüftbeugemuskulatur (M. iliopsoas, M. rectus femoris)	- Ausgangsposition ist der Kniestand, ein Bein wird vor dem Körper auf den ganzen Fuß aufgestellt, sodass das vordere Bein im Kniegelenk gebeugt ist und der Fuß vor dem Knie steht, das hintere Bein liegt mit dem Knie und dem kompletten Unterschenkel auf dem Boden auf, der Oberkörper wird mit den Händen auf dem vorderen Bein abgestützt - Dehnposition wird eingenommen, indem der Körperschwerpunkt nach vorne unten verlagert und das Becken abgesenkt wird, Oberkörper bleibt aufrecht	Statisch, passiv
4. Rückenstrecker (Mm. erector spinae)	- Ausgangsposition ist der Vierfüßlerstand -Dehnposition wird eingenommen, indem die Bauchmuskulatur aktiv angespannt wird und die Wirbelsäule im Rahmen ihres physiologischen Bewegungsspielraums nach oben gewölbt wird	Dynamisch, aktiv
5. Seitliche Rumpfmuskulatur (M. obliquus externus abdominis M. obliquus internus abdominis)	- Ausgangsposition ist die Rückenlage, die Beine werden im Kniegelenk angewinkelt, die Arme liegen 90° abgespreizt vom Körper am Boden - Dehnposition wird eingenommen, indem die angewinkelten Beine nacheinander zur Seite auf den Boden abgelegt werden, der Schultergürtel liegt komplett auf dem Boden auf	Dynamisch, passiv

6. Gesäßmuskulatur (M. glutaeus maximus M. glutaeus medius M. glutaeus minimus)	- Ausgangsposition ist die Rückenlage, ein Bein wird mit gebeugtem Kniegelenk auf dem Boden aufgestellt, das andere Bein wird in der Hüfte nach außen rotiert und mit dem Unterschenkel an der Oberschenkelvorderseite des Stützbeins platziert - Dehnposition wird eingenommen, indem das Stützbein mit beiden Händen an der Oberschenkelrückseite ergriffen und zum Oberkörper gezogen wird, der Unterschenkel des Stützbeins hängt locker nach unten	Postisometrisch, passiv
7. Mediale Oberschenkelmuskulatur (M. adductor brevis, M. adductor longus, M. adductor magnus, M. gracilis, M. pectineus)	- Ausgangsposition ist die Sitzposition, die Arme stützen den Oberkörper nach hinten ab, die Beine werden gestreckt vor dem Körper platziert - Dehnposition wird eingenommen, indem die Beine möglichst weit nach außen abgespreizt werden, Dehnung kann zusätzlich verstärkt werden, indem der Oberkörper nach vorne geneigt bzw. das Hüftgelenk gekippt wird, der Rücken bleibt gerade	dynamisch, passiv
8. Schulterblattfixatoren (M. trapezius, Mm. rhombodei)	- Ausgangsposition ist der Stand, von hier aus werden die Hände vor dem Körper verschränkt und die Arme in Schulterhöhe nach vorne vor den Körper gestreckt - Dehnposition wird eingenommen, indem die Schulterblätter aktiv weg von der Wirbelsäule nach vorne gezogen werden, Kopf wird nach vorne geneigt, Schultern bleiben tief	Statisch, aktiv
9. Hintere Schultermuskulatur (M. deltoideus pars spinata, M. trapezius pars transversa Mm. rhombodei)	- Ausgangsposition ist der Stand, von hier aus wird ein Arm mit gebeugtem Ellenbogengelenk vom Körper abgespreizt und in Schulterhöhe vor dem Körper fixiert, die Hand liegt über der Schulter der anderen Seite - Dehnposition wird eingenommen, indem mit der freien Hand Druck auf den Ellenbogen ausgeübt wird und der angewinkelte Arm zum Körper geschoben wird	Statisch, passiv
10. Brustmuskulatur (M. pectoralis major, M. biceps brachii, M. deltoideus pars clavicularis)	- Ausgangsposition ist der Stand, Hände werden hinter dem Körper verschränkt, die Handflächen zeigen nach hinten - Dehnposition wird eingenommen, indem die gestreckten Arme aktiv nach oben angehoben werden	Statisch, aktiv
11. Nackenmuskulatur (M. trapezius pars descendens)	- Ausgangsposition ist der Stand, der Kopf wird zur Seite geneigt, wobei die Blickrichtung nach vorne gerichtet bleibt (bestenfalls Ausführung mit Rücken an Wand, um Ausweichbewegungen des Oberkörpers zu vermeiden) - Dehnposition wird eingenommen, indem die zur Kopfneigung gegenüberliegende Schulter nach unten gezogen wird (aktive Schulterblattdepression), zusätzliche passive Dehnung durch die Schwerkraft des Kopfes auf der kontralateralen Seite	Statisch, aktiv-passiv

Tab. 6: Belastungsgefüge des Dehnprogramms (eigene Darstellung)

Belastungsparameter	postisometrisch	statisch	passiv
Dehndauer	Zuerst leichte Dehnposition, dann wird zu dehnende Muskulatur isometrisch kontrahiert (ca. 10 Sek.), dann Dehnposition mit deutlich spürbarem Dehnreiz (ca. 15 Sek. statisch halten) → Wechsel von isometrischer Kontraktion und Dehnung wird im Wechsel 3 Mal wiederholt (siehe Serienzahl)	30 Sek. pro Seite	15 Wiederholungen (=30 Sek.) pro Seite
Intensität	Erst leichtes (Dehnschwelle), dann starkes Dehnen (Dehngrenze)	Intensiver Dehnreiz	Intensiver Dehnreiz
Serienzahl	3 (bei unilateralen Übungen 5 Sek. Pause zwischen den Serien)		
Trainingshäufigkeit pro Woche	Jeden Tag (mindestens 4 Übungen): 5 Mal/Woche: Büro 3 Mal/Woche: Fitnessstudio 4 Mal/Woche: zu Hause		

Durch die dauerhaft sitzende Alltagsbelastung sind die Hüft- und Kniegelenke ständig gebeugt, was zu Beweglichkeitsdefiziten der Hüftbeuge- und Kniebeugemuskulatur führt. Der Kopf ist immer nach vorne unten geneigt, was zu Verspannungen im Nackenbereich führen kann, sowie die Arme dauerhaft in vorgehaltener Lage, was Beweglichkeitsdefiziten in der Brustmuskulatur hervorrufen kann. Bei der oben beschriebenen Dame sind die Beweglichkeitsdefizite im Bereich der Hüftbeugemuskulatur, sowie der Kniebeuge- und Kniestreckmuskulatur durch den Beweglichkeitstest ersichtlich geworden. Nun ist es wichtig, an diesen Defiziten anzusetzen, um spätere Gelenkbeschwerden oder Schmerzen zu vermeiden. Als begleitendes Krafttraining ist es sinnvoll, die Gesäßmuskulatur, die Rumpfmuskulatur und die Schulterblattretraktoren zu kräftigen. Ein weiterer Punkt neben dem ständigen Sitzen ist das Alter der Frau, da mit zunehmendem Alter die Muskeldehnfähigkeit und die Bewegungsreichweite abnehmen, was die Bewegungsmaße einschränkt. So konnten Haab, Massing und Wydra (2017, S. 121-131) zeigen, dass sich bei älteren

9

Menschen die Bewegungsreichweite und die Dehnfähigkeit der Muskulatur durch Dehn-training genauso signifikant verändern wie bei jüngeren Menschen.

Da das Dehnprogramm mit 11 Übungen recht umfangreich ist, wird es in drei Abschnitte aufgeteilt. Die Übungen 1-3 (blau markiert) sollte die Dame, so oft wie es ihr möglich ist, im Büro ausführen z. B. täglich in der Mittagspause. Diese Übungen betreffen genau die beweglichkeitsdefizitären Bereiche, die aus dem obigen Test hervorgegangen sind. Da diese Übungen im Stand ausgeführt werden, ist hier keine Matte oder viel Platz von Nö-ten. Die Übungen sind alle statisch und können gerne recht intensiv ausgeführt werden, da sie mit keinem direkten Krafttraining korrelieren, weshalb Leistungseinbußen auszu-schließen sind. Die Übungen 4-7 (braun markiert) soll die Dame 3 Mal die Woche, also jedes Mal wenn sie im Fitnessstudio ist, ausführen. Die Übungen sind alle bis auf eine Ausnahme dynamisch und werden dementsprechend vor dem eigentlichen Training zur Bewegungsvorbereitung genutzt. Die Übungen finden alle auf dem Boden statt, was eine Matte und relativ viel Platz nötig macht, was in einem Fitnessstudio in jedem Falle si-chergestellt ist. Die Dame führt zuerst ihr Aufwärmen auf dem Crosstrainer aus und dehnt im Anschluss die besagten vier Muskelbereiche, bevor sie ihr Krafttraining absolviert. Bei der Ausdauereinheit erfolgen die vier Dehnübungen dann ebenfalls nach dem Trai-ning auf dem Crosser, hier also zum Abschluss als Cool-down gedacht. Das Dehnen nicht zwingend vor der Belastung zu erfolgen hat, zeigen Marschall und Ruckelshausen (2004) in ihrer Metaanalyse, in der sie deutlich machen, „dass pauschale Aussagen zur verlet-zungsprophylaktischen Wirkung von Dehnen nicht zu belegen sind" (S. 41), jedoch Mus-kelverletzungen „durch eine zu geringe Beweglichkeit mit verursacht werden" (S. 41) können, was noch einmal die Wichtigkeit eines Dehnprogramms betont. Die Übungen 8-11 (rot markiert) sind dann die Hausaufgabe. Jeden Abend, an dem die Dame nicht im Fitnessstudio ist, soll sie diese 4 Übungen zu Hause durchführen. Da diese Übungen eben-falls im Stand gemacht werden, sind zur Ausführung weder viel Platz noch eine Matte nötig. Die Übungen sind alle statisch und können auch hier rech intensiv erfolgen, da an diesen Tagen sowieso kein Training erfolgt. Für alle Übungen des Dehnprogramms gilt, dass sie langsam, das heißt ohne Schwung, und mit einer ruhigen, gleichmäßigen Atmung ausgeführt werden.

4   Teilaufgabe 4 – Trainingsplanung Koordinationstraining

Tab. 7: Trainingsprogramm Gleichgewichtsfähigkeit (eigene Darstellung)

Zielübung	Übungsdurchführung	Hilfsmittel	Analysatoren	Belastungsgefüge
1. Zweibeinstand: Impulsgebung durch einen Partner an unterschiedlichen Körperschwerpunkten	- Zweibeinstand - Partner gibt von allen Körperseiten Druckimpulse, um den Trainierenden aus dem Gleichgewicht zu bringen		Taktiler Analysator, Kinästhetischer Analysator, statico-dynamischer Analysator, optischer Analysator	2×30 Sek. mit 30 Sek. Satzpause
2. Einbeinstand (Steigerung: mit geschlossenen Augen)	- Gewicht auf ein Bein verlagern - das Knie des Beins, was nun in der Luft ist, auf Hüfthöhe anziehen, sodass der Kniebeugewinkel 90° beträgt		Kinästhetischer Analysator, statico-dynamischer Analysator	4×30 Sek. (jede Seite 2 Mal, ständiger Seitenwechsel mit jeweils 15 Sek. Pause dazwischen)
3. Standwaage	- Gewicht auf ein Bein verlagern, - Oberkörper wird gerade nach vorne abgesenkt, während das eine Bein nach hinten oben gezogen wird, sodass der Oberkörper und das hintere Bein eine waagrechte Linie bilden, Arme seitlich ausstrecken		Kinästhetischer Analysator, statico-dynamischer Analysator	4×30 Sek. (jede Seite 2 Mal, ständiger Seitenwechsel mit jeweils 15 Sek. Pause dazwischen)
4. Ausfallschritte (Steigerung: auf einer Linie)	- aus dem neutralen Stand wird ein Fuß etwas weiter als Schrittlänge nach vorne aufgesetzt, Füße zeigen nach vorne - beide Beine werden nun gebeugt, bis das hintere Knie fast den Boden berührt, Oberkörper bleibt aufrecht		Kinästhetischer Analysator, statico-dynamischer Analysator	2×5 Ausfallschritte mit 30 Sek. Pause dazwischen
5. Vierfüßlerstand, Ellenbogen und Knie	- Vierfüßlerstand: Arme sind gestreckt, Hände liegen unterhalb der Schultern auf		Kinästhetischer Analysator, taktiler Analysator, statico-	4×5 Wiederholungen (jeweils eine

11

berühren sich kreuzweise (Steigerung: Ellenbogen und Knie einer Seite berühren sich)	dem Boden auf, Knie liegen unterhalb der Hüfte auf dem Boden auf - ein Bein wird nach hinten und der gegenüberliegende Arm nach vorne ausgestreckt, sodass Arm und Bein eine Linie mit dem Rumpf bilden - Ellenbogen und Knie werden nun zueinander gezogen, sodass sich beide kurz berühren - dann werden Arm und Bein wieder ausgestreckt		dynamischer Analysator	Seite) mit 30 Sek. Pause nach 2×5 (jede Seite einmal) Wiederholungen
6. Zweibeinstand auf einem Wackelbrett (Steigerung: Ball werfen und fangen)	- mit beiden Füßen auf die dafür vorgesehenen markierten Bereiche des Brettes stellen - Ziel ist nun, dass sich das Brett so wenig wie möglich bewegt	Wackelbrett, Ball	Kinästhetischer Analysator, statico-dynamischer Analysator	2×30 Sek. mit 30 Sek. Satzpause
7. Gehparcour mit unterschiedlichen instabilen Unterstützungsflächen (Steigerung: vorwärts und rückwärts gehen)	- die Hilfsmittel bilden einen Kreis, in dem jedes Hilfsmittel genau 2 Mal vorkommt - die Reihenfolge ist beliebig und kann bei jeder Trainingseinheit variieren (auch 2 gleiche Hilfsmittel hinereinander) - der Trainierende muss jedes Hilfsmittel mit beiden Füßen berühren	Airex-Kissen, Bosu-Ball, Wackelbrett, Therapiekreisel	Kinästhetischer Analysator, taktiler Analysator, statico-dynamischer Analysator	1.Runde im Uhrzeigersinn, 2. Runde gegen den Uhrzeigersinn (30 Sek. Pause dazwischen)
8. Sitzen auf dem Fitball mit Füße in der Luft mit TRX-Bänder (Steigerung: ohne TRX-Bänder) als Stütze)	- Gesäß liegt auf dem Fitball auf - beide Füße sind in der Luft und berühren nicht den Boden - Gleichgewichtshilfe: mit den Händen an den TRX-Bändern festhalten (Ziel ist, den Zug auf die Bänder immer mehr zu reduzieren)	Fitball, TRX-Bänder	Statico-dynamischer Analysator	2×30 Sek. mit 30 Sek. Satzpause
9. Unterarmstütz auf dem Airex-Kissen	- auf die Knie gehen und die Unterarme auf dem Airex-Kissen abstützen,	Airex-Kissen/Fitball	Statico-dynamischer Analysator	2×30 Sek. mit 30 Sek. Satzpause

(Steigerung: auf dem Fitball)	Ellenbogen sind unterhalb der Schultern - Blick Richtung Boden - Füße sind hüftbreit, Hüfte und Beine heben vom Boden ab - bis auf Unterarme und Zehenspitzen ist gesamter Körper in der Luft und bildet eine gerade Linie			
10. Kniebeuge mit TRX-Bändern als Stütze (Steigerung: ohne TRX-Bänder)	- hüftbreiter Stand - mit geradem Rücken langsam die Knie beugen und so tief gehen, wie die kompletten Füße noch den Boden berühren, Knie gehen nicht über die Fußspitzen hinaus - Ziel ist, so tief wie möglich mit dem Po in Richtung Boden zu gehen (möglichst kleiner Kniebeugewinkel) - Gleichgewichtshilfe: mit den Händen an den TRX-Bändern festhalten (Ziel ist, den Zug auf die Bänder immer mehr zu reduzieren)	TRX-Bänder	Statico-dynamischer Analysator, kinästhetischer Analysator	2×5 Wiederholungen mit 30 Sek. Pause dazwischen

Die Intensität ist bei allen Übungen submaximal, sodass die Konzentration auf der Bewegungsausführung liegt. Generell gilt, dass das Koordinationstraining „eher häufiger mit wenig Umfang als umgekehrt zum Einsatz kommt" (Eifler, S. 184, 2017). Alle Übungen werden ohne Schuhe ausgeführt, da an den Füßen sehr viele Mechanorezeptoren liegen (Eifler, S. 200, 2017), die es zu aktivieren gilt.

Für die ersten fünf Übungen (rot markiert) werden keine Hilfsmittel benötigt, sodass diese zu Hause an den trainingsfreien Tagen ausgeführt werden können. Bei der ersten Übung kann der Ehemann der Dame die Impulsgebung übernehmen. Die zweite Übung, der Einbeinstand, kann gut in den Alltag integriert werden, ohne dass zusätzliche Zeit eingeplant werden muss, wie zum Beispiel beim Zähneputzen. Die Übungen 6-10 (braun markiert) werden dann im Fitnessstudio als Trainingseinheit vor dem Krafttraining absolviert. Bei diesen Übungen werden Hilfsmittel benötigt. Die Hilfsmittel (bis auf die TRX-Bänder) provozieren eine Instabilität, wodurch die Anforderung an die Gleichgewichtsfähigkeit erhöht wird. Das Koordinationstraining stellt eine Ergänzung zum Krafttraining dar, da dieses maschinengeführt ist, wodurch die Koordination nach wenigen Wochen kaum noch gefordert ist. Da die Dame nun schon seit einem Jahr ihr Krafttraining an Maschinen ausführt, liegt nun erst mal die Koordination im Vordergrund. Das Koordinationstraining wird dementsprechend vor dem Krafttraining und vor dem Cardiotraining durchgeführt. Mit der Teilung des Trainingsprogramms in jeweils 5 Übungen soll sichergestellt werden, dass die Dame jeden Tag 5 Koordinationsübungen macht. Eine gute Koordination bzw. eine gute Gleichgewichtsfähigkeit benötigt sie zum Beispiel für die der Gartenarbeit. Diese kann auf unterschiedlichen Untergründen stattfinden (Übung 7) oder ein ständiges in die Hocke bzw. in die Knie gehen und aufstehen erfordern (Übung 4, 5 und 10). Des Weiteren ist auch die Sturzprophylaxe zu üben bzw. beim Sturz ein gutes Abfangen und schnelles Wiederaufstehen zu ermöglichen. Dass auch im zunehmenden Alter durch Training die Gleichgewichtsfähigkeit zur Sturzprophylaxe noch signifikant verbessert werden kann, zeigt Katrin Heidemanns Dissertation (2006). So trainiert Übung 9 sowohl Gleichgewicht als auch Stabilität (Arme und Rumpf) und automatisch muss die Dame nach jeder Übungsdurchführung aus dieser liegenden Position wieder nach oben, was bedeutet, dass sie intuitiv das Wiederaufstehen mit trainiert. Übung 6 sorgt zusätzlich für eine bessere Kombinations- bzw. Kopplungsfähigkeit, da hier Beine (Wackelbrett ruhig halten) und Arme (Sack werfen und fangen) unterschiedliche Aufgaben zu erfüllen haben. Dies wird auch für die Garten- und Hausarbeit benötigt, bei der man oftmals eine eher unangenehme Position einnehmen muss, in der die Arme dann noch zusätzlich arbeiten müssen. So muss man beispielsweise beim Fensterputzen oftmals auf Zehenspitzen gehen und dann noch Druck mit den Händen auf die Scheibe ausüben.

Das Koordinationstraining beginnt mit dem Üben des sicheren Zweibeinstands (Übung 1) und des Einbeinstands (Übung 2 und 3), da dies die Basisanforderungen des täglichen Lebens sind. So muss bei jedem Schritt das Gleichgewicht von einem Bein auf das andere verlagert werden. Die Reihenfolge der Übung ist also durch den Schwierigkeitsgrad gekennzeichnet (vom Leichten zum Schweren). Dass das Koordinationstraining der Dame nicht nur die Gartenarbeit erleichtert, konnte Katja Stöver (2012, S. 39-43) zeigen. So hat ein Koordinationstraining auch Einflüsse auf die kognitive Leistungsfähigkeit bei älteren Menschen: das räumliche Vorstellungsvermögen, die Handlungsplanung, sowie die Konzentrations- und Aufmerksamkeitsleistung werden verbessert (Stöver, 2012, S. 41).

5 Teilaufgabe 5 – Literaturrecherche: Effekte des Dehnens auf die Bewegungsreichweite

Tab. 8: Übersicht der Studie „Wie beeinflussen unterschiedliche Dehnintensitäten kurzfristig die Veränderung der Bewegungsreichweite?" (Marschall, 1999) (eigene Darstellung)

Wer hat die Studie durchgeführt?	Marschall, F.
In welchem Jahr wurde die Studie publiziert?	1999
Mit welchen Versuchspersonen wurde die Studie durchgeführt?	mit 21 Versuchspersonen, 9 weiblich und 12 männlich, im Alter von 24,8±3,4 Jahren, mit einer Körpergröße von 172,9±8,5 cm, mit einem Gewicht von 66,6±11,0 kg
Wie sah der Versuchsaufbau aus?	In der Studie wurden die Intensitätsstufen weiches Dehnen und Dehnen an der Schmerzgrenze in Bezug auf die Beeinflussung der kurzfristigen Bewegungsreichweite gegenübergestellt. Die Bewegungsreichweite wurde anhand der maximal möglichen Dehnung der ischiocruralen Muskulatur festgemacht. Es erfolgte eine differenzierte Behandlung von rechter und linker Beinseite. Die Zuweisung der Beinseite zur jeweiligen Dehnintensität erfolgte ebenso wie die Reihenfolge der Trainingsprozedur („weiches" Dehnen oder maximale Dehnung) zufällig. Ein Fragebogen erfasste Motivation und subjektive Befindlichkeit als Kontrollvariablen. Nach einem Eingewöhnungstest absolvierten alle Probanden eine spezifische Erwärmung der ischiocruralen Muskulatur mithilfe eines Fahrradergometers. Anschließend erfolgte die zuvor für jedes Bein festgelegte Trainingsprozedur. Hierbei mussten auf einem Messtisch 15 Wiederholungen ohne Pause aus der Neutral-0°-Position des Hüftgelenkes bis zur jeweiligen von der Versuchsperson bestimmten Dehnungsgrenze (maximale Dehnung bzw. „weiche" Dehnung) absolviert werden. Die maximale Bewegungsreichweite wurde jeweils vor und nach den 15 Wiederholungen erfasst.
Welche relevanten Ergebnisse und Schlussfolgerungen lieferten die Studie?	Beide Intensitätsstufen führen kurzfristig zu einer signifikanten Verbesserung der maximalen Bewegungsreichweite. Im Mittel beträgt die Differenz zwischen Vor- und Nachtest 7,24±4,19° bei maximaler Dehnungsintensität und 3,29±4,53° bei submaximaler Intensität („weiches" Dehnen).

	Beide Varianten können deshalb im Hinblick auf kurz- fristige Veränderungen der maximalen Bewegungs- reichweite durchaus als praktisch bedeutsam betrach- tet werden. Das „weiche Dehnen" ruft statistisch gese- hen jedoch eine größere Veränderung der maximalen Bewegungsreichweite hervor. Die Kontrollvariablen Motivation und Tagesform haben dabei keinen Ein- fluss auf die Trainingseffekte.

Tab. 9: Übersicht der Studie „Kurzfristige Effekte verschiedener singulärer Muskeldehnungen" (Wydra, Glück & Roemer, 1999) (eigene Darstellung)

Wer hat die Studie durchgeführt?	Wydra, G., Glück, S. und Roemer, K.
In welchem Jahr wurde die Studie publiziert?	1999
Mit welchen Versuchspersonen wurde die Stu- die durchgeführt?	Mit Sportstudenten der Universität des Saarlandes: acht Sportstudentinnen im Alter von 25,7±1,6 Jahren und 15 Sportstudenten im Alter von 23,0±3,0 Jahren
Wie sah der Versuchsaufbau aus?	Die Effektivität verschiedener singulärer Muskeldeh- nungen wurde untersucht, wobei die statische, die postisometrische und die dynamische Dehnung in Be- zug auf die kurzfristige Veränderung der Dehnfähig- keit, der Dehnungsspannung und der maximal tolerier- ten Dehnungsspannung der ischiocruralen Muskel- gruppe verglichen wurden. An einer extra für dieses Experiment entwickelten Apparatur wurde die maxi- male Dehnfähigkeit der ischiocruralen Muskelgruppe des rechten Beines erfasst, wobei zusätzlich die Be- wegungsreichweite und die jeweilige Bewegungs- spannung gemessen wurden. Alle drei Dehntechniken können an dieser Apparatur simuliert werden. Alle Probanden wurden in die maximal tolerierte Dehnpo- sition gebracht. Bei der statischen Dehnung wurde diese Dehnposition 30 Sekunden gehalten, bei der dy- namischen Dehnung brachte sich die Person durch Zug eines Seiles mehrmals kurz in diese Dehnposition und bei der postisometrischen Dehnung wurden in dem 30 Sekundenintervall vier maximale Kontraktio- nen der isciocruralen Muskelgruppe von jeweils 5 Mi- nuten Dauer durchgeführt. Die Untersuchung der Dehnmethoden erfolgte in einem Abstand von einer Woche. So wurde in der ersten Woche die statische, in der zweiten die postisometrische und in der dritten die dynamische Dehnung untersucht. Bewegungs- reichweite und Dehnungsspannung wurden dabei

	jeweils vor und nach dem jeweiligen Treatment gemessen.
Welche relevanten Ergebnisse und Schlussfolgerungen lieferten die Studie?	Alle drei Dehntechniken führten zu einer hochsignifikanten kurzfristigen Veränderung der Dehnfähigkeit sowie zu einer hochsignifikanten Reduzierung der Dehnungsspannung. Die maximal tolerierte Dehnungsspannung erhöhte sich ebenfalls bei allen dreien. Insgesamt als effektiver erwiesen sich jedoch das postisometrische und das dynamische Dehnen.

6   Literaturverzeichnis

Eifler, C. (2015). *Studienbrief Medizinische Grundlagen.* Saarbrücken: Deutsche
Hochschule für Prävention und Gesundheitsmanagement.

Eifler, C. (2017). *Studienbrief Trainingslehre 3 – Gesundheitsorientiertes Beweglichkeits- und Koordinationstraining.* Saarbrücken: Deutsche
Hochschule für Prävention und Gesundheitsmanagement.

Gallagher, D., Heymsfield, S. B., Heo, M., Jebb, S. A., Murgatroyd, P. R., Sakomoto,
Y. (2000). Healthy percentage body fat ranges: an approach for developing guidelines
based on body mass index 1–3. *The American Journal of Clinical Nutrition, 72* (3),
694-701.

Haab, T., Massing, M., Wydra, G. (2017). EMG Onset after a 10-Week Stretching
Intervention: A Comparison between Older and Younger Adults. *Official Research
Journal of the American Society of Exercise Physiologists, 20* (4), S. 121-131.

Heidemann, K. (2006). *Bewegungskoordination im Alter: eine experimentelle Studie zum
Training der Gleichgewichtsfähigkeit.* Dissertation, Christian-Albrechts-Universität
zu Kiel. Kiel.

Marschall, F. (1999). Wie beeinflussen unterschiedliche Dehnintensitäten kurzfristig die
Veränderung der Bewegungsreichweite? *Deutsche Zeitschrift für Sportmedizin, 50* (1),
5-9.

Marschall, F., Ruckelshausen, B. (2004). Dient Dehnen der Verletzungsprophylaxe?
Eine qualitative Metaanalyse. *Spectrum, 16* (1), S. 31-47.

Stöver, K. (2012). Effekte eines Koordinationstrainings und des Übungsprogramms
Brain-Gym auf die kognitive Leistungsfähigkeit bei älteren Menschen. *motorik, 35*
(1), S. 39-43)

Wydra, G., Glück, S. & Roemer K. (1999). Kurzfristige Effekte verschiedener singulärer Muskeldehnungen. *Deutsche Zeitschrift für Sportmedizin, 50* (1), 10-16.

7 Tabellenverzeichnis